UNIVERSITÉ DE FRANCE.

ACADÉMIE DE STRASBOURG.

DE L'ACTION
DE IN REM VERSO.

THÈSE POUR LE DOCTORAT

PRÉSENTÉE

A LA FACULTÉ DE DROIT DE STRASBOURG,

ET SOUTENUE PUBLIQUEMENT

LE MERCREDI 14 JUILLET 1852, A MIDI,

PAR

ALPHONSE BERLINER,

DE STRASBOURG.

STRASBOURG,

IMPRIMERIE DE G. SILBERMANN, PLACE SAINT-THOMAS, 3.

1852.

FACULTÉ DE DROIT DE STRASBOURG.

NOMS DES PROFESSEURS.	MATIÈRES ENSEIGNÉES.
MM. Aubry ✳, Doyen..........	Droit civil français.
Rauter ✳, Doyen honoraire..	Droit criminel et procédure civile.
Hepp ✳	Droit des gens.
Heimburger	Droit romain.
Thieriet ✳	Droit commercial.
Schützenberger ✳.......	Droit administratif.
Rau ✳..............	Droit civil français.
Eschbach	Droit civil français.

M. Blœchel ✳, professeur honoraire.

MM. Destrais,
Luquiau, } professeurs suppléants.

M. Bécourt, officier de l'Université, secrétaire, agent comptable.

Président de la thèse, M. Heimburger.

Examinateurs : MM. { Heimburger. Thieriet. Schützenberger. Rau. Eschbach. }

La Faculté n'entend ni approuver ni désapprouver les opinions particulières au candidat.

A MON PÈRE.

A MA MÈRE.

A. BERLINER.

SOMMAIRE.

DE

L'ACTION DE IN REM VERSO.

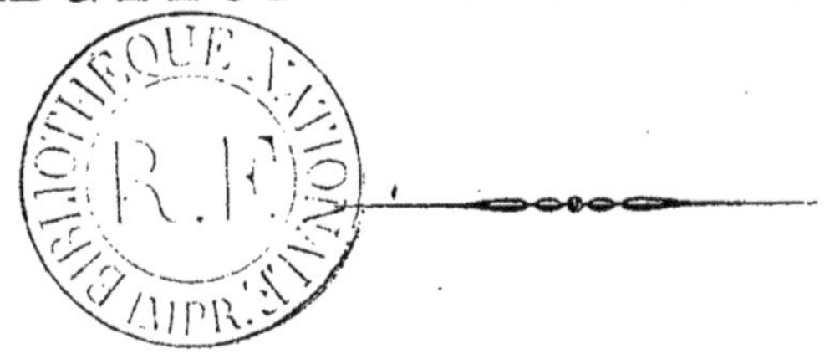

INTRODUCTION.

Honesté vivere;
Alterum non lædere;
Suum cuique tribuere.
(Inst. I., 1, 3.)

Le Droit romain est plus qu'un Code : c'est une science, et surtout une science historique et positive. Tableau fidèle de la vie d'un grand peuple, on le voit naître et grandir, on assiste aux moindres phases de son développement, mais ce qui lui donne à nos yeux tant d'attrait, c'est cet esprit de suite, cette force de logique qui, la morale pour guide, d'un principe reconnu, d'origine souvent obscure, le conduit patiemment aux applications les plus fécondes.

Là rien ne se forme par soubresauts : tout au contraire se succède et s'enchaîne. Bien qu'ami du progrès, le peuple romain montre pour ses institutions une tenacité remarquable : alliance de qualités qui produisit et ce profond respect pour la loi écrite, et cette intervention continue de l'équité naturelle, tempérant par de pieuses fictions la rigueur parfois sauvage d'un droit primitif.

1

On avait senti, en effet, que la loi perdait de sa considération à subir de trop fréquents changements : aussi, avec l'essor de la civilisation, vit-on s'élever peu à peu une autorité nouvelle, cette admirable institution prétorienne qui, tout en ménageant la juste vénération du peuple, sut tourner habilement tous les obstacles, et se mettre à la hauteur des exigences d'une société plus avancée. Adrien régnait encore que, grâce à elle, la loi des Douze-Tables n'avait cessé d'être invoquée comme le fondement de la cité.

Mieux que toute autre, l'action *de in rem verso* nous fait paraître l'heureux résultat de cette influence du préteur. Nous la prendrons à sa naissance pour la suivre, dans son histoire, jusqu'à la place qu'elle occupe dans notre législation actuelle.

PREMIÈRE PARTIE.

DE L'ACTION DE IN REM VERSO EN DROIT ROMAIN.

Jure naturæ æquum est neminem cum alterius detrimento et injuriâ fieri locupletiorem (Dig. 50, 17, 206).

CHAPITRE I.

De l'origine de l'action de in rem verso.

I.

Partout dans l'antiquité l'autorité du chef de famille fut despotique, nulle part cependant elle ne le fut autant qu'à Rome. Aux yeux de la loi civile, le père était avant tout le propriétaire de ses enfants, sans distinction ni d'âge ni de condition. On sait qu'il avait sur eux un droit de vie et de mort sans contrôle, qu'il pouvait les vendre jusqu'à trois reprises différentes, qu'enfin, si par leur fait il avait causé dommage à autrui, il en était quitte pour les livrer en guise de réparation [1]. Bref, ses enfants étaient sa chose. Il était tout naturel alors, qu'ayant des droits aussi absolus sur leur personne, il en eût également sur leurs biens. Les enfants, étant la propriété de leur père, s'identifiaient avec lui, et ne pouvaient avoir aucune propriété à eux: tout ce qu'ils acquéraient tournait à son profit exclusif. Ils étaient donc, comme les esclaves, incapables d'acquérir pour eux-mêmes [2].

Ce régime convenait à une société rude et jeune, qui se partageait entre les travaux des champs et les fatigues de la guerre. Il rappelait l'unité du commandement et les habitudes passives de la vie militaire. La famille était une espèce de cohorte au petit pied, se renouvelant sans cesse, mais restant toujours ce qu'elle était sous l'autorité de son chef. Les biens pouvaient s'y perpétuer, chacun profitait du travail commun d'une manière plus ou moins directe, et ces dissensions de famille, si affligeantes de nos jours, s'y rencontraient rarement. Une telle organisation donnait en même temps une grande force à l'État, qui formait alors une véritable réunion de familles, au lieu de n'être plus, comme aujourd'hui, qu'un confus assemblage d'individus.

II.

Il était écrit dans les destinées de Rome qu'elle devait dicter des lois au monde entier:

[1] Le propriétaire ne devait pas, d'après les idées romaines, pouvoir éprouver, par les choses qui lui appartenaient, un dommage supérieur à la perte de ces choses elles-mêmes.

[2] D'un autre côté, si le chef de famille profitait de tout le gain des enfants ou des esclaves soumis à sa puissance, il n'était nullement tenu des dettes qu'ils pouvaient contracter, car ils devaient être pour lui une source d'avantages, mais jamais une cause d'appauvrissement (Bonjean, *Traité des actions*, II, 292).

Excudant alii spirantia mollius æra,
Tu regere imperio populos, Romane, memento !

Elle triompha de tous ses ennemis, hormis un seul; c'étaient les richesses qu'elle rapportait de ses conquêtes. Elle eut honte de sa vie primitive; ses armées se remplirent de mercenaires, pendant qu'elle promenait sa vanité au Forum, laissant aux enfants et aux esclaves le travail dont elle se fût honorée autrefois.

Cependant ses mœurs s'étaient polies au contact des autres nations; la civilisation lui avait imposé de nouveaux besoins; les arts entrèrent à la suite des vaincus, et le luxe jeta les éléments d'une industrie et d'un commerce, il est vrai, fort restreints.

Ces changements adoucirent peu à peu la rigueur de la puissance paternelle. La vie des enfants fut sauvegardée par la loi. Le premier, Jules-César permit aux fils de famille de disposer librement de leur pécule *castrense*. On comprenait sous ce nom la solde, le butin, les dons et legs faits à l'occasion de la guerre, enfin tout ce que l'on n'eût point acquis hors des rangs de l'armée.

Était-ce pour exciter l'avidité de ses soldats qui, ne gagnant rien pour eux-mêmes, et ne pouvant disposer d'aucune prise, n'eussent pas été aussi vivement entraînés? Était-ce, au contraire, parce que l'autorité du père ne pouvait suivre efficacement les légions dans leur marche aventureuse? Toujours est-il que de l'institution du pécule *castrense* date l'affranchissement insensible des enfants.

Sous la toge, comme sous la saie, on pouvait également bien mériter de son pays. Rien d'étonnant alors à voir le préteur, suivant sa prudente habitude d'assimilation, accorder à ceux qui remplissaient des fonctions civiles les mêmes avantages qu'aux légionnaires. De là le pécule *quasi-castrense,* embrassant tous les biens que le fils de famille pouvait acquérir dans l'exercice ou à l'occasion d'un emploi public.

On vit ensuite Constantin concéder aux enfants la propriété des biens qui pouvaient leur revenir de la succession maternelle, mais dont le père conserva l'usufruit. Plus tard, il en fut de même pour les donations qui leur étaient faites avant le mariage ou avant les fiançailles (*lucra nuptialia vel sponsalitia*).

Enfin, Justinien ordonna que le père n'aurait plus que l'administration et l'usufruit de tout ce qui adviendrait aux fils de famille, en dehors des pécules *castrense* et *quasi-castrense* (*peculium adventitium*), et fixa même que, dans certains cas, ceux-ci pourraient en disposer en pleine propriété (*peculium adventitium extraordinarium*).

Ainsi, malgré que la règle de l'omnipotence paternelle n'eût pas semblé avoir été abolie, les pères de famille ne pouvaient plus en réalité acquérir par leurs fils qu'un simple droit d'usufruit et d'administration.

III.

Il nous reste à parler maintenant du pécule profectice (*peculium concessum vel profectitium*), qui est, pour ainsi dire, le siége de notre matière.

On sait que, dès après les guerres puniques, les citoyens influents de Rome possédaient d'immenses domaines, peuplés d'armées d'esclaves. Cicéron à lui seul en comptait près de quarante mille. Suffire à une pareille administration était au-dessus des forces d'un seul homme. Les chefs de famille s'en déchargèrent sur leurs enfants, sur leurs affranchis et sur quelques-uns de leurs esclaves.

Pour les fils de famille c'était une excellente école. Ils y apprenaient de bonne heure l'ordre et l'économie; et plus tard, quand le cours naturel des choses faisait tomber ces biens dans leur patrimoine, ils étaient en état d'en comprendre la valeur.

Les esclaves eux-mêmes étaient excités au travail : bien qu'à la lettre ils fussent incapables de posséder de droit, tous les mois ils recevaient un salaire, sur lequel ils faisaient des épargnes, fructifiées ensuite par un petit négoce. Au bout de l'an, l'argent était placé à intérêt, ou leur servait à l'achat d'un petit esclave (*vicarius*), dont l'œuvre devait leur profiter. Mais ce pécule était essentiellement précaire, et le caprice du maître suffisait pour mettre fin à cette bienveillante tolérance.

C'est entre les mains des esclaves que furent concentrés dans les premiers temps l'industrie et le commerce, auxquels ils se livraient pour le compte de leurs maîtres, qui regardaient une pareille occupation comme indigne d'un homme libre.

Cette rigueur de mœurs se relâcha plus tard ; cependant l'opinion resta toujours sévère à l'endroit de ceux qui s'adonnaient au négoce, et surtout de ceux qui achetaient pour revendre en détail.

Telle fut à peu près l'origine du pécule profectice. Le père conservait la propriété des biens avec tous les profits que l'on pouvait en retirer ; le fils ou l'esclave n'avait qu'un simple droit d'administration, et ce droit pouvait lui être enlevé d'un moment à l'autre. Aussi pouvait-on poursuivre contre le chef de famille l'exécution des obligations contractées par ses subordonnés sur son ordre, sur son invitation ou même à son insu, si plus tard il les avait ratifiées. Ce moyen de poursuite était l'action *quod jussu*. Il prenait le nom d'action *institoria* ou *exercitoria*, quand il tendait à faire remplir par le commettant ou par l'armateur les engagements de l'esclave, auquel il avait confié la vente de ses marchandises ou la conduite de son navire, en tant que ce dernier restait dans la limite naturelle de ses pouvoirs[1].

---

[1] En dehors des actions prétoriennes il y avait aussi une action civile, la *condictio*, pour agir contre le chef de famille à raison des engagements contractés par ses subordonnés.

Si a furioso, cùm eum compotem mentis esse putares, pecuniam quasi mutuam acceperis, ea que in rem tuam versa fuerit, condictionem furioso adquiri Julianus ait, nam ex quibus causis ignorantibus nobis adquiritur actio, ex iisdem etiam furioso adquiri. Item si is qui servo crediderit furere cœperit, deindè servus in rem domini verterit, condici furioso nomine posse (Dig. 12, 1, 12).

La *condictio* se donnait généralement toutes les fois qu'une personne avait reçu quelque chose qu'elle n'avait aucun prétexte honnête de retenir : c'est le cas du chef de famille qui a profité de l'engagement de ses fils ou de ses esclaves. La jurisprudence avait également admis que celui qui contracte avec un esclave, agissant sur

Le fils ou l'esclave avait-il contracté, à l'insu du père de famille, avec ou à l'áide des biens dont on lui confiait l'administration, on pouvait actionner le premier *in solidum*, ou rechercher son auteur jusqu'à concurrence de la valeur du pécule (*actio de peculio*). Celui-ci, en effet, par le fait même de cette concession, était censé approuver d'avance toutes les opérations qui pourraient s'en suivre, sauf à lui de retirer sa confiance à des facteurs imprudents.

IV.

L'action *de peculio* était accordée pour toutes les causes d'obligation, excepté pour celles résultant de délits ou de quasi-délits, qui donnaient lieu à une action noxale. Elle embrassait tous les biens compris dans le pécule au moment de la demande, sans en excepter ceux qui avaient pu en être détournés frauduleusement. Mais sur cette masse le maître avait le droit de prélever ce qui lui était dû, le reste, s'il y en avait, se partageait entre les créanciers, suivant la qualité de leurs priviléges.

Tant que le fils ou l'esclave restait dans la famille, cette action ne s'éteignait que par trente ans, mais sitôt que la puissance paternelle ou dominicale était rompue, soit par la mort ou la vente, soit par l'émancipation ou l'affranchissement, on n'avait plus pour l'intenter qu'une année utile à partir de cette époque.

Cependant cette préférence, donnée au chef de famille sur les prétentions des autres créanciers du pécule, pouvait paraître par trop rigoureuse, surtout quand, à son escient, une partie de ce pécule servait au trafic. En effet, les transactions commerciales requièrent plus de

l'ordre du maître, était censé avoir suivi la foi du maître lui-même, et que dès lors on pouvait agir naturellement contre ce dernier.

Si institorem servum dominus habuerit, posse dici, Julianus ait, etiam condici ei posse, quasi jussu ejus contrahatur a quo præpositus sit (Dig. 42, 1, 29). Mais les actions *quod jussu* et *de in rem verso* devenaient surtout utiles quand le contrat fait par le fils ou l'esclave n'était pas de nature à pouvoir donner une *condictio* (Bonjean, *ut suprà*).

célérité que celles qui peuvent se rencontrer dans la gestion d'un domaine, et les droits des parties, comme ceux du père, étant moins faciles à vérifier, il était juste que celui-ci, à qui rien du reste n'avait été caché et qui devait subir les suites de sa tolérance, ne conservât point de privilége, mais concourût simplement avec les autres créanciers au partage de la partie du pécule servant au trafic (*peculiaris merces*), et c'est ce but qu'atteignit l'action *tributoria*. Le recours à cette action n'était point du reste forcé; on pouvait choisir entre elle et l'action *de peculio*, et il y avait en certains cas avantage à employer l'une plutôt que l'autre.

Mais l'action *tributoria* devait souvent encore être un remède insuffisant, n'étant donnée que pour le cas exceptionnel, où, au su du maître, le pécule avait, en tout ou en partie, servi à faire le commerce. Or, il arrivait qu'à raison de certaines autres circonstances, l'action *de peculio* fut parfois intentée sans succès.

L'esclave avait été vendu ou affranchi, le maître avait repris le pécule, sans intention de tromper les créanciers, le fils avait été émancipé ou avait cessé de vivre, et l'on avait laissé expirer le délai de l'année utile. Le pécule, n'existant plus comme individualité, mais s'étant de nouveau confondu avec les autres biens du chef de famille, était-il juste que le tiers, qui avait agi de bonne foi et qui ne pouvait empêcher l'arrivée d'un pareil événement, perdît son bien et vît le maître s'enrichir à ses dépens? L'équité n'était-elle pas froissée à la vue d'un créancier légitime privé des moyens de se faire restituer ce qui lui était dû? Aussi le préteur crut-il devoir intervenir, et, se fondant sur cette règle de droit naturel que nul ne doit profiter de la perte d'autrui, il déclara que si le patrimoine du chef de famille avait tiré profit (*versio in rem*) des obligations, contractées auparavant par le fils ou l'esclave, avec ou à l'aide du pécule qu'on lui avait confié, le premier pourrait être recherché par l'action *de in rem verso* jusqu'à concurrence des avantages qu'il en aurait retirés.

V.

C'est un des caractères saillants du Droit romain de poursuivre intrépidement toutes les conséquences d'une idée, à qui l'on venait de donner droit de cité.

L'action *de in rem verso* avait été accordée aux créanciers du chef de famille, embarrassés par la disparition du pécule, et pouvant prouver que le premier avait tiré profit de leurs biens. Pourquoi, se dit-on alors, puisque le motif est le même, attendre, pour la donner, que le pécule ait cessé d'exister? Ne peut-elle être exercée tout aussi bien quand le pécule se trouve encore entre les mains du fils ou de l'esclave, et qu'il est bien et dûment prouvé que le contrat, conclu par le tiers avec le possesseur du pécule, a tourné d'une manière immédiate au profit du maître? N'est-ce pas une conséquence évidente de la règle que nul ne doit s'enrichir aux dépens d'autrui, et de cet autre principe, non moins vrai, quoique moins expressément indiqué, que celui qui revendique son bien peut le prendre partout où il le trouve? Dès lors cette action fut accordée indifféremment, que le pécule eût ou non cessé d'exister, en concurrence avec l'action *de peculio,* et, d'une manière indirecte, avec les actions *quod jussu, institoria, exercitoria* et *tributoria* (Cod. 4, 26, 11).

Mais le préteur ne devait pas s'arrêter encore dans la voie féconde des interprétations. Franchissant hardiment les bornes étroites, dans lesquelles l'action *de in rem verso* avait été renfermée jusqu'alors, il transporta la question sur un terrain plus étendu. Le droit se généralisait.

Un père promet une dot à sa fille, et convient de pourvoir à son entretien. Comme il ne remplit point cet engagement, sa fille emprunte de l'argent à son mari, et meurt durant le mariage. Si l'emprunt a servi à l'achat de choses indispensables à l'entretien de la femme et de ses esclaves, il est juste de donner au mari une action utile *de in rem verso* (Dig. 15, 3, 20).

Tel est le premier exemple que l'on trouve au Digeste de l'action étendue au cas où les deux contractants sont également maîtres de leurs droits. Cette extension est encore bien timide, puisqu'il n'est question que d'une action utile, d'une espèce d'action *de in rem verso*.

Le Code va plus loin : celui qui prête de l'argent à un esclave peut exercer contre le maître l'action *de peculio* ou l'action *de in rem verso*. Mais celui qui contracte avec un homme libre, connu pour gérer les biens d'un autre, n'a point d'action contre le maître de ces biens, à moins que son argent n'ait tourné au profit de ce dernier, ou que celui-ci n'ait ratifié les opérations faites pour son compte (Cod. 4, 26, 7, § 1).

Donc, quand l'argent du tiers profite au propriétaire, le premier peut exercer directement contre lui l'action *de in rem verso;* donc aussi cette action est donnée à l'occasion d'obligations intervenues entre deux personnes également maîtresses de leurs droits, et sans que l'on exige entre elles l'existence de liens de famille ou de servilité.

CHAPITRE II.

Définition et caractères de l'action de in rem verso.

I.

L'action *de in rem verso* peut donc être définie : 1° (dans l'origine) le moyen de droit donné contre le chef de famille pour le contraindre à remplir les obligations contractées par son fils ou par son esclave, avec ou à l'aide du pécule profectice, et ce jusqu'à concurrence du profit réel qui en est résulté pour son patrimoine.

2° (par extension) l'action *de in rem verso* est le moyen de droit donné contre une personne pour l'obliger à la restitution du profit réel qu'elle a retiré de l'acte d'un tiers, qui n'était ni son mandataire, ni son gérant d'affaires.

Le mandat implique de la part des deux parties une manifestation expresse ou tacite de leur volonté de contracter; la gestion d'affaires ne suppose cette volonté que dans l'une d'entre elles, mais pour qu'il y ait lieu à l'action *de in rem verso*, elle doit manquer totalement et cela des deux côtés.

Première hypothèse. Un laboureur ensemence le champ de son voisin, croyant ensemencer le sien propre.

Deuxième hypothèse. Un champ est délaissé momentanément : le propriétaire est parti pour un voyage, oubliant les soins que réclame sa terre, et ne laissant personne pour la cultiver. Le voisin l'apprend, et supposant qu'il ne reviendra pas avant une année, ensemence le champ dans l'espoir de s'en approprier la récolte en l'absence du maître. Il agit en secret, ne possède point *animo domini*, il n'est pas de bonne foi et manque de juste titre; enfin il ne remplit aucune des conditions qui donnent au possesseur droit à la perception des fruits. Le propriétaire du champ revient peu après les semailles.

Troisième hypothèse. Le possesseur d'un domaine part, et défend au voisin, qui lui en fait l'offre, de le cultiver pendant son absence. Malgré cette défense formelle, le voisin met le domaine en culture.

Dans le premier cas, une personne a fait l'affaire d'autrui, ne croyant faire que la sienne. Il n'y a ici ni mandat, ni gestion d'affaires : cela suffira-t-il pour lui refuser toute action en restitution des impenses, ou tout au moins en restitution du profit que ses actes ont causé à son voisin? Non évidemment; l'équité naturelle lui accorde contre la subtilité du droit une indemnité égale à l'avantage qu'a retiré le maître des biens; autrement dit, elle jouira de l'action *de in rem verso* (Pothier, *Du mandat*, V. 6, 206).

Cela est si vrai que cette action est donnée non-seulement à celui qui s'est porté de bonne foi à la gestion de l'affaire d'autrui, qu'il croyait être la sienne, mais encore à celui qui ne l'a fait qu'*animo deprædandi*, comme dans le second exemple.

Sed si quis negotia mea gessit, non mei contemplatione, sed sui lucri causâ... Ipse tamen si circa res meas aliquid impenderit, non in id, quod

ei abest, sed in id, quo ego locupletior factus sum, habet contrà me actio-
nem (Dig. 3, 5, 6, § 3).

Il ne s'agit pas en effet de ce qu'il a dépensé pour moi, mais bien du profit réel que j'ai retiré de sa gestion, et si ce profit existe, il doit m'être indifférent que cet homme ait agi de bonne ou de mauvaise foi. N'en doit-il pas être de même dans la troisième hypothèse ? Le propriétaire du domaine n'a-t-il pas profité du travail de son voisin, et ce dernier doit-il perdre ses avances quand le résultat tourne à l'avantage d'autrui ? Cela ne résiste-t-il pas à l'équité naturelle qui ne permet pas que vous puissiez vous enrichir à mes dépens ? *Neminem æquum est cum alterius damnò locupletari ?* Cette équité ne doit-elle pas venir à mon secours, ne doit-elle pas me donner, à défaut de l'action *negotiorum gestorum contraria,* l'action *in factum,* donnée chaque fois, *quoties alia deficit actio ?* (Pothier, *ut supra.*) La solution de cette question, aujourd'hui controversée, ne peut jamais faire l'objet d'un doute au point de vue du Droit romain, en présence de la négation formelle d'un texte de loi aussi précis que le § 24 du Code, 2, 19. Nous nous réservons du reste de revenir sur ce point dans notre partie de Droit français.

II.

Si l'action *de in rem verso* diffère par son fondement de l'action *mandati contraria* et de celle *negotiorum gestorum,* elle ne s'en écarte pas moins par les effets qu'elle produit.

Dans le mandat, il est dû au mandataire tout ce qu'il a déboursé dans les limites naturelles de ses pouvoirs.

Dans la gestion d'affaires, le maître doit rembourser tous les frais de la gestion quand elle lui a été utile, et lors même que le profit aurait, par un cas imprévu, entièrement cessé d'exister au jour de la demande. *Datur actio in id quod ei abest, et sufficit ab initio rem fuisse utilem.*

Au contraire, l'action *de in rem verso,* fondée sur la seule équité, qui ne permet pas de s'enrichir aux dépens d'autrui, ne donne droit à la répétition des dépenses que jusqu'à concurrence de ce que le tiers se trouve en profiter au jour de la demande : *non in id quod ei abest, sed in id quo ego locupletior factus sum habet contra me actionem.*

Malgré cela, l'action *de in rem verso* peut en certains cas être considérée comme une espèce d'action utile *negotiorum gestorum contraria.*

Contrà impuberes quoque, si negotia eorum urgentibus necessitatis rationibus utiliter gerantur, in quantùm locupletiores facti sunt, dandam actionem ex utilitate ipsorum receptum est (Cod. 2, 19, 2).

L'impubère étant incapable de contracter sans l'assistance du tuteur, ne pouvait être recherché pour les actes faits sans cette assistance, ces actes étant nuls, or *quod nullum est, nullum producit effectum.* C'était là, il faut le dire, une rigueur déplacée, puisque les quasi-contrats se formant sans consentement, il importait peu que le mineur fût pubère ou impubère, pour pouvoir donner contre lui une action directe. Mais, par respect pour les principes et à la fois pour ménager l'équité, on accordait aux tiers en pareil cas l'action *de in rem verso.*

III.

Nous allons examiner maintenant les principaux caractères de cette action. Elle est 1° prétorienne, devant, comme on le sait, son origine à l'édit du préteur [1] (Inst. IV, 7, 4).

[1] Dans l'origine l'engagement de l'esclave restait sans effet, le créancier ne pouvant agir ni contre le maître, qui ne pouvait être obligé que par son propre fait, ni contre l'esclave lui-même, qui n'était point une personne civile. Il n'en était guère autrement de l'obligation contractée par le fils de famille, bien qu'elle fût valable au fond, parce que les voies d'exécution manquaient au moins tant que vivait le père de famille. Sur quoi, en effet, le créancier aurait-il exécuté? Sur la personne du fils? Mais le fils de famille appartenait au père, et ne pouvait disposer de lui-même. Sur les biens? Mais dans l'ancien Droit civil les fils de famille ne pouvaient rien avoir en propre, et l'exécution sur les biens n'avait lieu que dans certains cas tout particuliers. De cette sorte les esclaves et les fils de famille se trouvaient en dehors de toutes transactions commerciales.

L'extension insensible des pécules causa donc une innovation importante en ac-

2° Elle est personnelle, l'*intentio* étant dirigée contre la personne que l'on veut contraindre à l'exécution d'une obligation de donner, résultant d'une espèce de quasi-contrat (*obligatio ex variis causarum figuris*) et toutes les actions de ce genre étant *in personam*[1]. Bien qu'elle ait pour but de répéter le profit que retire le propriétaire du fait d'un étranger, on ne saurait la qualifier de réelle, sans quoi on pourrait l'intenter contre tout successeur à titre particulier, ce qui n'est pas. Elle tend moins à la revendication d'un objet certain qu'à la restitution de l'avantage qu'un tiers a retiré de notre fait.

3° Elle est *in factum*[3] (*conceptum non in jus sed in factum*), c'est-à-dire qu'elle a sa source dans la raison d'équité, qui ne permet à personne de profiter de la perte d'autrui et qu'elle tend seulement à la répétition de l'avantage que notre perte fait éprouver à notre adversaire.

Elle se confond avec l'action *in factum, sensu stricto,* donnée chaque fois qu'une partie de nos biens nous a été enlevée d'une manière in-

cordant, sous certaines modifications, à ceux qui traitaient avec les fils de famille et les esclaves, le pouvoir d'agir contre le père de famille, tantôt pour le tout, quand l'obligation avait été contractée sur son ordre exprès ou tacite, par les actions *quod jussu, exercitoria* et *institoria,* tantôt pour partie, ou, pour mieux dire, jusqu'à concurrence de certaines valeurs, que la condamnation ne pouvait en aucun cas excéder, par les actions *tributoria, de peculio* et *de in rem verso,* dans le cas où le père de famille n'avait ni ordonné ni ratifié l'engagement.

Ces actions ne formaient point des espèces particulières : les expressions *quod jussu, exercitoria, institoria, tributoria, de in rem verso* et *de peculio* étaient de simples locutions adjectives, ajoutées au nom des actions ordinaires, et qui entraient dans la rédaction des formules, pour indiquer le motif ou la limite des condamnations demandées (Bonjean, II, 287).

[1] *In personam quoque actiones ex suá juridictione habet prætor : item prætor proposuit de peculio servorum filiorum que familias* (Iust. 4, 6, 8).

[2] *Cæteras vero formulas in factum conceptas vocamus, id est in quibus nulla juris conceptio est, sed initio formulæ, nominato eo quod factum est, adjiciuntur ea verba, per quæ judici damnandi absolvendi ve potestas est* (Gaius Comm., IV, § 46).

juste, ou que, par suite d'un contrat sans force civilement obligatoire, notre adversaire s'est enrichi à nos dépens, à moins toutefois que nous n'ayons agi contre sa défense formelle, ou que nous n'ayons à prétendre qu'à une exception ou à un simple droit de rétention (Mühlenbruch, *Doct. Pand.*, II, 453).

4° L'action *de in rem verso* est une action *adjectitiæ qualitatis*. Donnée d'abord contre celui sous la puissance duquel se trouve notre débiteur, ou qui pour toute autre cause répond pour lui, elle n'était désignée efficacement que par l'addition du nom de l'obligation sur laquelle elle était fondée. Ainsi, dans le cas d'une acquisition faite par le fils de famille, le père pouvait être poursuivi par l'action *empti venditi de in rem verso*.

5° C'est une action *bonæ fidei* et non de droit strict, le juge pouvant apprécier d'après l'équité, *ex æquo et bono*, ce qui est dû au demandeur[1].

6° Elle est indirecte, quant au but, parce qu'elle tend, d'une manière détournée, à l'exécution d'une obligation qui ne peut plus être atteinte par un autre moyen.

7° Sous le rapport de la quotité de la condamnation, elle est simple, *in simplum;* elle n'est pas donnée *in solidum* pour la totalité des impenses faites par le demandeur, mais seulement *in quantum locupletiorem*, puisqu'elle ne recherche que le profit retiré par le tiers du fait d'autrui[2].

8° Elle est perpétuelle, c'est-à-dire qu'elle dure trente ans.

9° Enfin, elle n'est pas seulement accordée contre le propriétaire

---

[1] *In bonæ fidei autem judiciis libera potestas videtur judicii ex æquo et bono æstimandi quantum actori restitui debeat* (Gaius IV, § 16).

[2] *Sunt prætereà quædam actiones quibus non solidum quod nobis debetur persequimur, sed modo solidum consequimur, modò minùs ut ecce, si in peculium filii servi ve agamus, nam si non minùs in peculio sit quàm persequimur, in solidum dominus pater ve condemnatur; si vero minus inveniatur, catenùs condemnat judex quatenùs in peculio sit* (Inst. IV, 6, 56).

des biens, mais encore contre ses héritiers universels, et, d'un autre côté, les héritiers du tiers peuvent également s'en servir.

CHAPITRE III.

Du cas où est donnée l'action de in rem verso.

I.

Quand l'action *de in rem verso* est-elle donnée? Dans quel cas y a-t-il avantage à s'en servir? Que doit prouver celui qui la demande? Telles sont les questions qu'il nous reste à examiner dans ce chapitre.

Quand l'action est-elle donnée?

Et regulariter dicimus toties de in rem verso esse actionem, quibus casibus procurator mandati, vel qui negotia gessit, negotiorum gestorum haberet actionem, quoties que aliquid consumpsit servus, ut aut meliorem rem dominus habuerit aut non deteriorem (Dig. 15, 3, 3, 52).

Prœterea introducta est actio de peculio deque eo quod in rem domini versum erit : ut quamvis sine voluntate domini negotium gestum erit, tamen sive quid in rem ejus versum fuerit, id totum prœstare debeat.... In rem autem domini versum intelligitur quidquid necessario in rem ejus impenderit servus, veluti si mutuatus pecuniam creditoribus solverit..... vel etiam fundum, aut quamlib et aliam rem necessariam mercatus erit (Inst. IV, 7, § 4).

Alioquin, si cum libero, res ejus agente cujus precibus meministi, contractum habuisti, et ejus personam elegisti : pervides contra dominum nullam te habuisse actionem, nisi vel in rem ejus pecunia processit, vel hunc contractum ratum habuit (Cod. 4, 26, 7, § 1).

Dans les premiers temps l'action *de in rem verso* se cumulait d'ordinaire avec l'action *de peculio*. Les créanciers ne pouvaient agir contre le chef de famille que jusqu'à concurrence des pécules et de ce qui avait tourné au profit du premier. Les deux actions ou plutôt les deux clauses *de in rem verso* et *de peculio* n'indiquaient pas deux poursuites distinctes, mais se référaient au contraire à une seule et même action, dont la condamnation était double, en ce sens que pour en déterminer le maximum, on avait égard à deux valeurs différentes.

Licet enim una est actio, quâ de peculio, de que de eo quod in rem patris domini ve versum sit, agitur, tamen duas habet condemnationes. Itaque judex apud quem de eâ actione agitur, ante dispicere solet an in rem patris domini ve versum sit, nec aliter ad peculii æstimationem transit, quàm si aut nihil in rem patris domini ve versum intelligatur, aut non totum (Gaius IV, § 73).

Ainsi, le juge, après avoir reconnu l'existence de l'obligation, devait d'abord déterminer le profit que le père de famille avait retiré de l'affaire, et si ce profit ne présentait pas une somme égale à celle de l'obligation, il devait, pour le surplus, examiner l'importance du pécule. Le chiffre de la condamnation définitive à prononcer contre le père de famille pouvait donc atteindre, mais jamais dépasser la valeur de ce qui avait tourné à son profit (*de in rem verso*), augmentée de celle du pécule (*de peculio*).

Paul et Ulpien n'étaient point de cet avis ; d'après eux, ce qui tournait au profit du maître constituait une dette du maître envers le pécule, lequel augmentait d'autant, de sorte qu'en agissant *de peculio,* on se trouvait aussi par cela même agir virtuellement *de in rem verso.*

Factus est ergo debitor peculii : ut etiam de peculio possit conveniri, in quam actionem venit et quod in rem versum est (Paul, Dig. 15, 3, 19).

Hoc enim jure utimur, ut etiam si priùs in peculium vertit pecuniam, mox in rem domini esse de in rem verso actio possit (Ulpien, Dig. 15, 3, 3, § 1).

En partant de ces deux points de vue opposés, on arrivait, il est vrai, à une différence dans la rédaction de la formule, mais toujours au même résultat pratique (Bonjean, ibid.).

L'action *de in rem verso* ne fut d'abord intentée isolément que dans le cas où le pécule avait cessé d'exister, après l'expiration du délai de l'année utile, et quand, par suite du concours de plusieurs créanciers sur l'action *de peculio*, il y avait avantage à prouver que le maître avait tiré profit du contrat.

Plus tard, dans les développements que reçut peu à peu cette action, elle fut toujours invoquée pour elle-même, et abstraction faite de toute idée de pécule.

D'après cela on peut dire que l'action *de in rem verso* est donnée : 1° contre le chef de famille à celui qui, en l'absence du consentement du premier, contracte avec le fils ou l'esclave, possesseur d'un pécule profectice, quand ce pécule a cessé d'exister et que le délai de l'action *de peculio* est expiré. Elle est donnée pour le tout, si l'objet du contrat a tourné tout entier au profit du maître, mais pour partie seulement, s'il ne lui a causé qu'un profit partiel.

2° Contre le chef de famille, dans les mêmes circonstances et dans la même mesure, bien que le pécule n'ait pas cessé d'exister, et que l'on puisse encore exercer utilement les actions *quod jussu*, *de peculio*, *tributoria*, *exercitoria* et *institoria*.

3° Contre le chef de famille qui autorise ou approuve le contrat dont il tire avantage, et cela que le pécule ait ou non cessé d'exister.

4° (Par extension) contre le propriétaire, à celui des actes duquel il a profité, et qui n'est ni son fils, ni son esclave, ni son mandataire, ni son gérant d'affaires.

II.

Dans quel cas y a-t-il avantage à se servir de l'action *de in rem verso ?*

Cette action était, comme on l'a déjà dit, donnée en concurrence avec les actions *quod jussu*, *de peculio*, *tributoria* et *institoria ;* en certains cas même on pouvait en cumuler l'exercice avec l'action *de peculio*. C'était surtout lorsque le fait du fils ou de l'esclave n'avait causé au maître qu'un profit partiel, le pécule existant encore, ou le délai de l'année utile n'étant pas expiré. La formule de l'action était alors la suivante.

si l'argent et l'habit périssent également, le patrimoine du maître, il faut le dire, sera redevable des deux, puisque tous deux devaient tourner à son profit (Dig. 15, 3, 3, 10).

Celui qui affranchit un esclave pour une somme d'argent ne peut être poursuivi par l'action *de in rem verso*, car on ne s'enrichit pas en donnant la liberté à un esclave (Dig. 15, 3, 2). Mais si, pour se faire affranchir, l'esclave emprunte de l'argent à un tiers, le maître en profitera, et pourra être recherché par l'action, mais seulement pour ce que l'esclave a payé au delà de sa valeur réelle (Dig. 15, 3, 3).

Un esclave contracte un emprunt pour orner la maison de son maître de tapis et d'autres objets d'agrément, plutôt que d'utilité. Peut-on dire que le maître en profite? Non (et un mandataire même ne pourrait réclamer ces impenses), à moins que tel n'ait été son ordre, car il ne doit point souffrir de ce qu'il n'aurait pas fait lui-même (Dig. 15, 3, 3, § 4).

Si l'esclave reçoit de l'argent pour le faire tourner à l'avantage de son maître, et qu'il ne le fait point, mais trompe le bailleur de fonds, il n'y aura pas *de versio in rem*, et le maître ne sera pas engagé. Pourquoi souffrirait-il de la crédulité du créancier, ou de la mauvaise foi de l'esclave? Cependant qu'arrivera-t-il si d'ordinaire ce dernier faisait tourner ses emprunts à l'avantage de son maître? Cela ne devra en aucun cas nuire à celui-ci. Que le créancier ait l'œil à ce que son argent arrive à destination: *curiosus igitur debet esse creditor quò vertatur* (Dig. 15, 3, 9).

Quand l'esclave achète pour son maître des objets qu'il lui croit nécessaires, mais qui ne le sont pas, des esclaves par exemple, le maître n'est tenu que de la valeur réelle qu'ils ont pour lui, tandis que, s'ils lui eussent été vraiment nécessaires, on pourrait le poursuivre pour l'intégralité du prix de vente (Dig. 15, 3, 5).

Le fils de famille qui emprunte de l'argent pour doter sa fille, agit dans l'intérêt de son père pour tout ce que celui-ci aurait donné à sa petite-fille, mais cela n'est vrai qu'autant qu'il a doté sa fille dans l'intention de soigner les affaires de son père (Dig. 15, 3, 7). Peu importe qu'il ait doté sa fille, ou sa sœur, ou sa nièce, ou même que ce soit un esclave qui l'ait fait à sa place (Ibid. 8). Cependant quand le père n'aurait point consenti à fournir de dot, il ne saurait y avoir avantage pour lui dans l'acte de son fils, et dans ce cas il n'y aurait non plus lieu à l'action *de in rem verso* (Dig. 15, 3, 9).

Cette action n'est donnée qu'autant qu'il y a un profit durable, et que le maître n'a point rendu au fils ou à l'esclave l'argent que celui-ci avait emprunté. Si cependant il l'avait rendu à ce dernier, qui était mort peu après, il n'y aurait pas *de versio in rem*, mais le maître pourrait être poursuivi *de dolo malo*, comme étant devenu propriétaire du pécule. Il doit en être ainsi, car le débiteur du pécule n'est non plus libéré en payant frauduleusement sa dette à l'esclave (Dig. 15, 3, 10).

Si le fils ou l'esclave achète un domaine pour le maître, celui-ci en profite évidemment, mais cependant si ce domaine a été payé au-dessus de sa valeur, il n'aura eu de profit que jusqu'à concurrence de cette valeur; et d'un autre côté, si l'immeuble vaut plus qu'il n'a été acheté, il ne sera tenu que du prix d'achat (Dig. 15, 3, 12).

Le fils qui cautionne son père et rembourse le créancier, agit pour le profit de son père, car il l'a libéré. Il en est de même s'il a été condamné, après avoir pris fait et cause pour son père: celui-ci en profite, car la condamnation du fils l'a libéré lui-même. Mais si le fils a simplement cautionné la dette de son père, pourra-t-il demander l'action *de in rem verso?* Non, il n'a pas libéré son père. En effet, en cautionnant on s'oblige, mais on ne libère point. Cependant s'il paie la dette, après l'avoir garantie, bien qu'il semble le faire dans son propre intérêt, c'est-à-dire parce qu'il l'a garantie, il faudra convenir que le père en profite (Dig. 15, 3, 15).

Le contrat conclu par un esclave profite au patrimoine de l'un de deux associés. Pourra-t-on, pour ce motif, attaquer également l'autre associé? On ne pourra poursuivre que le premier, qui a retiré un avantage direct, et qui est censé avoir donné à son esclave l'ordre de contracter. Cependant, par la même raison, si l'un des asssociés profite, on peut agir contre l'autre, car sur la poursuite il pourra réclamer de son associé le montant de la condamnation qu'il aura subie (Dig. 15, 3, 14).

Le pupille peut-il, sans l'assistance de son tuteur, gérer l'affaire d'un autre? Est-il passible, en pareil cas, de l'action *negotiorum gestorum contraria?* La gestion d'affaires est un contrat de droit naturel, et rien n'empêche le mineur de soigner les intérêts d'un absent, même sans l'assistance du tuteur; mais on ne pourra le poursuivre alors, puisqu'il est incapable de s'engager que jusqu'à concurrence des valeurs étrangères à son propre patrimoine (Cod. 3, 5, 3, § 4). Voilà donc une espèce où l'action *negotiorum gestorum* et celle *de in rem verso* se confondent jusqu'à un certain point.

Qu'arrivera-t-il si c'est un fils de famille qui est poursuivi comme gérant d'affaires? L'équité exigera que l'on accorde au maître des biens une action contre le père, s'il y a un pécule, ou si le père a retiré un avantage de cette gestion (Cod. 3, 5, 14).

Par cela même qu'un fils de famille accepte une tutelle ou une curatelle, son père peut être poursuivi par les actions *negotiorum gestorum, de peculio* et *de in rem rerso* (Cod. 4, 26, 1). Le fils ne possédant rien en propre, les biens de l'étranger qu'il peut être appelé à gérer entrent en seconde main dans le patrimoine du père, ou tout au moins dans le pécule du fils, il s'ensuit donc que c'est là aussi qu'on pourra les rechercher.

Mon esclave, qui de fait est un homme libre, emprunte de l'argent qu'il fait tourner à mon profit. Pour le remboursement de cet emprunt me poursuivra-t-on par l'action *negotiorum gestorum* ou par l'action *de in rem verso?* Par cette dernière évidemment, car c'est comme esclave et non comme ami qu'il a soigné mes affaires (Cod. 4, 26, 36).

Un maître loue sa métairie à son esclave avec le bétail nécessaire à la culture. Ce bétail étant impropre au service, le maître le fait vendre, pour en acheter d'autre du prix de la vente. L'esclave le vend, en achète d'autre, puis il s'enfuit sans payer. Le vendeur réclame le prix au maître par l'action *de peculio,* cumulée avec l'action *de in rem verso,* puisque ce qu'il a vendu se trouve en la possession de ce dernier. Or, il n'y a de pécule réel que ce qui reste, déduction faite de ce que l'esclave doit au maître. Il est vrai que l'objet dont il s'agit fait partie maintenant du patrimoine du maître, mais il l'a payé du prix de la vente antérieure; il n'a donc point fait de profit. Seulement si le dernier troupeau présente plus de valeur que le premier, on devra condamner le maître à payer la différence (Dig. 15, 3, 16).

Quelqu'un épouse une fille de famille. Le père a promis une dot et s'est engagé à subvenir à l'entretien de sa fille, si elle-même ne le faisait. Le mari prête de l'argent à sa femme, pensant avec raison que son beau-père paierait la pension convenue. La femme emploie cet argent pour se nourrir elle et ses esclaves, quelquefois aussi pour payer les dépenses de la famille. Elle meurt ensuite avant que le père n'ait acquitté la pension. Celui-ci refuse de payer les dettes de sa fille, le mari, de restituer les biens de sa femme. Si les dettes de celle-ci ont été faites pour pourvoir à son entretien, comme à celui de ses esclaves, il faudra, pensons-nous, accorder au mari une action utile *de in rem verso* (Dig. 15, 3, 21).

Nous avons essayé d'indiquer ici, d'après le Digeste, les principaux cas où l'action *de in rem verso* était donnée en Droit romain; il nous reste à voir maintenant si cette action existe encore dans notre Droit actuel.

DEUXIÈME PARTIE.

___

TRANSITION.

I.

L'action *de in rem verso* existe-t-elle encore en Droit français? Si cela est, est-elle la même que l'action du Droit romain? Et d'abord, qu'est-ce qu'une action? En reconnaît-on dans nos Codes? Quatre questions que nous essaierons de résoudre dans ce chapitre.

Qu'est-ce qu'une action? Dans les premiers temps de Rome, alors que la religion et la politique mariaient leurs symboles à la loi civile, l'action de droit était une véritable action, ou pour nous expliquer plus clairement, qu'on nous passe cette comparaison ambitieuse, c'était un drame.

Debout devant le préteur, armés de pied en cap et la lance au poing, les deux adversaires exposaient leurs griefs dans un langage de convention, avec une intonation et des gestes consacrés. Là tout parlait aux yeux : la citation devant le juge, le témoignage, la saisie, l'exécution, de même que la plupart des contrats se ressentaient de ce besoin de publicité allégorique, un des traits les plus marquants du caractère romain.

Une action était donc un de ces événements qui se renouvelaient si fréquemment au forum, et par induction sans doute on appelait ainsi le motif qui l'avait provoqué (*actum, actio*).

Peut-être est-il plus simple de la faire dériver directement du verbe *agere,* poursuivre, l'action étant le fait de la poursuite, et, par extension, le droit de poursuivre; toujours est-il qu'aux temps héroïques, si l'on peut appeler ainsi le premier âge du Droit romain, l'action, le moyen de se faire rendre justice n'était qu'un combat judiciaire symbolisé, une transaction entre la vindicte personnelle et le respect dû à l'État.

Si plus tard on vit tomber tous ces mythes, si le client n'attendait plus le lever du patron influent pour apprendre de lui les jours fastes et néfastes, et pour connaître les rites de la loi, la justice ne se retrancha pas moins pour un temps encore derrière un rempart de formules, sauvegarde des intérêts privés contre l'ardeur et l'âpreté d'un peuple pour qui la procédure était une vraie passion. A cette époque, l'action fut le moyen de faire respecter son droit en enfermant sa demande dans la formule consacrée par la loi ou par le préteur.

Ce ne fut que sous Justinien que cette tyrannie des formes fut mitigée, et cela peut-être moins encore par la volonté expresse du législateur que par le nombre infini des actions qu'il était permis d'invoquer; alors seulement on pouvait dire: *Actio nihil aliud est quàmjus persequendi in judicio quod sibi debetur* (Inst. IV, 6 proœ.), le droit ou le moyen de se faire rendre ce qui nous appartient ou ce qui nous est dû.

II.

C'est dans un esprit d'assistance réciproque que les hommes se sont réunis en société, et que, pour garantir leur liberté, ils en ont abdiqué une partie devant un être de raison, l'État, seul chargé de leur défense.

Pour ce motif aussi l'on a trouvé contraire à l'essence de cette société et prohibé en général la faculté de se rendre justice à soi-même, en même temps que l'on a proclamé l'obligation de recourir à un tiers, délégué de l'État, pour réclamer ce qui peut nous être dû. L'action est le moyen d'exercer ce recours, il existe virtuellement sous chacun de nos droits, dont il sert à protéger l'exécution.

D'après cela, on ne saurait nier l'existence de l'action dans une législation quelconque; une telle négation, en effet, équivaudrait à la négation du droit, car privé de sanction, il ne serait plus qu'un mot vide de sens.

Mais si l'on ne peut mettre en doute l'existence de l'action, si elle repose nécessairement sous chacun de nos droits, est-ce à dire que notre législation soit à comparer à celle de Rome, que l'on y doive in-voquer servilement des noms ou des formules? Les Romains s'atta-chaient à la lettre de la loi, nous, au contraire, en recherchons l'esprit.

L'objection, il faut l'avouer, n'a pas une portée bien sérieuse. Nous ne sommes plus, il est vrai, astreints à demander l'action *mandati contraria* ou la *condictio causâ datâ, causâ non secutâ,* mais ce n'est point là un avantage dont il faille se vanter. En fait de clarté et de pré-cision, les Romains ne nous ont guère laissé que des exemples à suivre. Le nom de leurs actions indiquait nettement la nature de leur demande et les dispensait de recourir à de diffuses circonlocutions. Cette dénomi-nation d'ailleurs est d'une utilité si éclatante, que nos législateurs du Consulat, uniquement peut-être entraînés par l'habitude, n'ont pu s'empêcher de la reproduire en partie dans leurs travaux de codifica-tion. C'est que l'on ne rompt pas impunément avec un passé de vingt siècles, quand surtout il paraît répondre à un besoin réel et constaté. Nous n'en voulons d'autre preuve que les actions en pétition d'héré-dité, en nullité de mariage, en partage, en rescision, en réduction, en revendication, en nullité, les actions mobilières et possessoires, en supplément de prix, les actions pour dette de jeu, les actions hypo-thécaires, réelles, personnelles, dont parlent les art. 137, 183, 817, 896, 930, 1117, 1428, 1622, 1664, 1965, 2156 et 2262 du Code Napoléon.

III.

Il y a donc encore dans notre Droit un certain nombre d'actions, portant un nom *sui generis,* et parmi lesquelles se trouve l'action *de in rem verso.*

Art. 1312. Lorsque les mineurs, les interdits ou les femmes mariées sont admis, en ces qualités, à se faire restitutuer contre leurs engage-ments le remboursement de ce qui aurait été, en conséquence de ces engagements, payé pendant la minorité, l'interdiction ou le mariage, ne peut en être exigé, à moins qu'il ne soit prouvé que ce qui a été payé a tourné à leur profit.

Art. 1926. Si le dépôt a été fait par une personne capable à une personne qui ne l'est pas, la personne qui a fait le dépôt n'a que l'action en revendication de la chose déposée, tant qu'elle existe dans la maison du dépositaire, ou une action en restitution jusqu'à concurrence de ce qui a tourné au profit de ce dernier.

Voilà donc l'existence de l'action *de in rem verso* bien clairement établie dans notre Droit. Reste à voir maintenant si elle n'y existe que de nom, ou, pour mieux dire, si c'est encore l'action du Droit romain.

IV.

Le scandale si fréquent des affranchissements posthumes, qu'affectaient beaucoup de débiteurs insolvables, suggéra au préteur Paulus l'idée d'accorder aux créanciers ainsi spoliés le droit de faire annuler les dispositions qui consacraient ces libéralités frauduleuses. De là le nom de l'action Paulienne, qui, donnée d'abord aux créanciers du défunt pour faire annuler les affranchissements institués dans son testament en fraude de leurs droits, fut bientôt étendue à tous les cas où le débiteur, soit par collusion, soit par vengeance, avait sciemment diminué ou fait sortir de ses mains les biens qui formaient la garantie de sa dette.

Qui songerait en invoquant cette action Paulienne, dont le nom est aujourd'hui si vulgaire, qu'elle n'a eu d'autre origine que cette fraude des affranchissements posthumes? Et cependant l'action *de in rem verso* n'a point passé par d'autres phases. Le chef de famille pouvait être recherché pour les contrats conclus avec des tiers par son fils ou son esclave, possesseur d'un pécule profectice, quand ce pécule avait cessé d'exister, et qu'il était établi que l'objet du contrat était entré dans le patrimoine du père.

Plus tard l'action fut étendue à tous les cas où une personne avait profité du fait d'autrui, quand même il n'existait entre eux aucun lien de famille ni d'obligation ; c'est dans ces circonstances qu'elle se donne encore aujourd'hui.

Il n'y a plus ni pécule *castrense*, ni pécule profectice, il n'y a plus ni fils de famille, ni esclaves ; un seul principe a survécu : *Æquum est neminem cum alterius detrimento fieri locupletiorem*, et c'est ce principe dont nous trouvons la consécration dans l'action qui nous occupe.

TROISIÈME PARTIE.

DE L'ACTION DE IN REM VERSO EN DROIT FRANÇAIS.

Dans les parties qui précèdent, nous avons essayé d'exposer l'origine de cette action avec toutes les péripéties de son histoire, d'en justifier le fondement, enfin d'en prouver le passage dans notre Droit, avec l'extension qu'elle avait reçue au dernier état de la législation romaine.

L'action *de in rem verso* dérive d'une obligation naturelle sanctionnée par la loi. Quiconque profite de nos soins, de nos biens nous en doit la récompense, à moins que nous ne soyons tenus de le souffrir, ou que de notre propre gré nous n'en consentions la remise. C'est aussi une conséquence du droit que nous avons sur notre patrimoine, et qui nous autorise à rechercher dans la fortune d'autrui les valeurs dont elle a pu s'enrichir au détriment de la nôtre. Elle n'est du reste qu'une dernière ressource accordée à qui fait défaut toute autre voie de revendication.

L'action *de in rem verso* peut donc être définie celle qui, en l'absence de tout autre moyen, compète contre une personne, quelle que soit d'ailleurs sa capacité, pour l'obliger à la restitution des valeurs étrangères à son patrimoine, qui y sont entrées par notre fait, et que l'on considère non dans leur essence, mais dans leur utilité.

Dans un premier chapitre nous examinerons l'action dans ses rapports avec le droit de propriété, dans un autre, les circonstances où elle se rencontre dans le droit d'obligation. Nous suivrons numériquement l'ordre du Code, signalant non-seulement les articles où l'action est clairement établie, mais encore ceux qui, pour ainsi dire, n'en montrent que le reflet. Tâche peu facile, et que nous ne ferons qu'effleurer, car le principe d'équité naturelle qui forme la base de notre matière est une application de la fameuse règle : *suum cuique tribuere,* dont le droit tout entier n'est que le développement.

CHAPITRE PREMIER.

De l'action de in rem verso *dans ses rapports avec le droit de propriété.*

I.

Les biens immobiliers, sans contredit, conservent le plus longtemps l'empreinte du travail. C'est le travail qui dans l'origine a fondé la propriété, c'est lui encore qui la conserve et la perpétue, pourquoi ne mériterait-il pas toute l'attention du législateur?

Art. 548. Les fruits produits par la chose n'appartiennent au propriétaire qu'à la charge de rembourser les frais de labour, travaux et semences faits par des tiers.

Cette disposition est toute d'équité : elle est une conséquence du principe de droit naturel que nul ne doit s'enrichir aux dépens d'autrui. Bien que les fruits ne forment qu'un seul et même tout avec le fonds auquel ils adhèrent, ils ne sont la plupart du temps que le résultat de l'œuvre de l'homme, combinée avec celle de la nature. La loi a donc bien fait de rappeler cette distinction, quand il s'est agi de restituer au propriétaire ce qui lui appartient réellement. De quoi se plaindrait-il, en effet, puisque s'il fût arrivé quelque temps plus tard, il aurait pu se faire qu'il n'eût rien perçu du tout. Peut-il se dire en perte par le fait de cette déduction, quand lui-même d'ailleurs aurait été obligé de faire le travail qu'un autre a fourni à sa place?

Cependant est-ce bien l'action *de in rem verso* qu'entend donner l'art. 548, n'est-ce pas plutôt une simple action en restitution d'impenses au profit du possesseur? Le motif des deux actions est à peu près le même : c'est toujours la raison d'équité, avec cette différence toutefois que l'action *de in rem verso* n'est qu'un moyen subsidiaire, accordé à défaut de toute autre voie de revendication. Mais il s'en faut de beaucoup qu'elles tendent au même but. Un exemple fera mieux ressortir cette distinction.

La récolte d'un champ présente une valeur de 1000 fr., les semences et frais de culture étant évalués à 600 fr., le profit net du possesseur est donc de 400 fr.

Le propriétaire légitime revendique ce champ, s'empare de la récolte, et par cela même est tenu de rembourser les impenses du possesseur; il lui restera un bénéfice de 400 fr., dans la supposition que les fruits valent toujours 1000 fr. Mais si par quelque accident ils ne valaient plus que 600 fr., les impenses étant de pareille somme, le propriétaire serait obligé de tout restituer au possesseur, et n'aurait aucun profit. Voilà pour le cas de l'action en simple restitution d'impenses accordée au possesseur.

Lui donnez-vous l'action *de in rem verso,* le résultat sera tout autre.

Le propriétaire a été mis en possession des fruits: il ne s'est donné aucune peine pour les obtenir, la valeur de la récolte est donc tout profit pour lui. Si elle vaut 1000 fr., c'est 1000 fr. que le propriétaire paiera au possesseur, ou 600 fr. si les fruits ne valent plus que cette somme, et dans ces deux cas le possesseur fera un profit illicite; il gagnera plus que s'il avait gardé la récolte et l'avait vendue lui-même, de sorte que l'action *de in rem verso* irait contre son but : elle doit empêcher que le propriétaire ne s'enrichisse aux dépens du possesseur, et ici ce serait le possesseur qui s'enrichirait aux dépens du propriétaire.

L'art. 548 n'a donc d'autre objet que d'accorder au possesseur, dépossédé par le propriétaire légitime, une action en restitution des impenses qu'il a pu faire.

II.

Dans l'article précédent, la loi s'est plus spécialement occupée des questions qui peuvent s'élever au sujet de la restitution des fruits de la terre; ici il s'agira de plantations, constructions et autres ouvrages, faits par un non-propriétaire, et avec ses matériaux, sur le terrain d'autrui.

Art. 555. Lorsque les plantations, constructions et ouvrages ont été faits par un tiers et avec ses matériaux, le propriétaire du fonds a droit ou de les retenir ou d'obliger ce tiers à les enlever Si le propriétaire du fonds demande la suppression des plantations et constructions, elle est aux frais de celui qui les a faits, sans aucune idemnité pour lui; il peut même être condamné à des dommages et intérêts, s'il y a lieu, pour le préjudice que peut avoir éprouvé le propriétaire du fonds. Si le propriétaire préfère conserver ces plantations et constructions, il doit le remboursement de la valeur des matériaux et du prix de la main-d'œuvre, sans égard à la plus ou moins grande augmentation de valeur que le fonds a pu recevoir. Néanmoins, si les plantations, constructions et ouvrages ont été faits par un tiers évincé, qui n'aurait pas été condamné à la restitution des fruits, attendu sa bonne foi, le propriétaire ne pourra demander la suppression desdits ouvrages, plantations et constructions, mais il aura le choix ou de rembourser la valeur des matériaux et du prix de la main-d'œuvre, ou de rembourser une somme égale à celle dont le fonds a augmenté de valeur.

Cet article embrasse deux hypothèses, dont la dernière peut elle-même encore se subdiviser.

Le propriétaire du fonds a le droit de retenir les matériaux ou d'obliger le tiers à les enlever:

1° S'il demande la suppression, c'est au tiers d'en payer les frais;

2° S'il demande à conserver les constructions: *a*) ou bien le tiers est un possesseur de bonne foi, qui aurait fait les fruits siens (le propriétaire ne peut en pareil cas demander la suppression), et alors il aura le choix de rembourser les impenses ou de payer la plus-value;

b) Ou le tiers n'est pas de bonne foi, et n'aurait pas fait les fruits siens, et alors le propriétaire remboursera la valeur des matériaux et le prix de la main-d'œuvre.

Le résultat de cette distinction paraîtra au premier abord bien étrange. Ne semble-t-elle pas, en effet, donner une prime à la mauvaise foi? Le possesseur devenu acquéreur du bien à l'aide d'un titre translatif de propriété, qu'il croyait légitime, ne sera-t-il pas traité d'une manière moins favorable que l'homme qui a sciemment c nstruit sur le terrain d'autrui?

En effet, supposons que les travaux élevés par le possesseur aient coûté 30,000 fr., mais que la plus-value, qui en résulte pour le propriétaire, ne soit que de 20,000 fr., ce dernier pourra se libérer envers le constructeur de bonne foi, en lui payant cette plus-value, tandis que vis-à-vis du constructeur de mauvaise foi, il ne pourra le faire, à moins de payer tous les frais. Il est vrai que ce dernier pourra être contraint d'enlever ses constructions, mais ce n'est point la question quand la volonté du propriétaire est de les conserver.

Malgré cela la disposition de l'art. 555 ne manque pas de justesse. D'abord le possesseur de bonne foi ne peut jamais être obligé d'enlever ses constructions; c'est pour lui un grand avantage, comme on le verra plus loin; mais ensuite on ne saurait non plus sans injustice contraindre le propriétaire à conserver des travaux qui lui sont peut-être inutiles, ou qu'il n'aurait point entrepris lui-même, parce que leur cherté l'aurait conduit à des dépenses qui l'eussent gêné; on n'a donc pu lui refuser le droit de ne payer que la plus-value, si elle est moindre que les dépenses faites.

Après cela, si le propriétaire conserve les travaux du constructeur de mauvaise foi, c'est qu'il le veut bien, puisqu'il pourrait les faire enlever, tandis que s'il est forcé de respecter ceux du constructeur de bonne foi, on ne doit pas lui faire payer au delà du profit qu'il en retire.

D'un autre côté, le constructeur de mauvaise foi est toujours sous la dépendance du propriétaire, et, pour ainsi dire, entièrement à sa merci.

Les travaux de construction ont, il est vrai, coûté 30,000 fr., mais la plus-value n'est que de 20,000 fr.; le propriétaire, aux termes de l'art 555, doit ou payer le prix des matériaux et de la main-d'œuvre, ou laisser enlever les constructions. Ce dernier parti ne lui convient pas, et il ne voudrait non plus payer la totalité de la dépense, il dira donc au constructeur : Contentez-vous des 15,000 fr. que je vais vous payer, sinon, je vous forcerai d'enlever vos constructions, vous paierez les frais de démolition, vous ferez rétablir les lieux dans leur premier état, et vous m'indemniserez en outre de ma non-jouissance. Le possesseur sera bien obligé de passer sous ces fourches caudines, et sa position, comme on le voit, ne sera jamais aussi avantageuse que celle du constructeur de bonne foi.

Si le propriétaire n'a pas les moyens de payer la plus-value, on ne peut le contraindre à démolir les constructions, et moins encore à délaisser son terrain, seulement on le forcera à se libérer au moyen d'une rente constituée sur le fonds (Pothier, *Du droit de propriété*, n° 347). En tout cas, le possesseur de bonne foi a le droit de rétention jusqu'au règlement de l'indemnité qui lui est due, c'est là en effet un moyen de droit commun accordé dans toutes les questions d'impenses.

L'art. 555 s'applique également au fermier qui a élevé des constructions sur le terrain du propriétaire. Celui-ci est toujours de mauvaise foi, et cela forcément : il savait que le fonds sur lequel il a bâti était la propriété de son locateur.

En est-il de même pour l'usufruitier ?

Art. 599. L'usufruitier ne peut, à la cessation de l'usufruit, réclamer aucune indemnité pour les améliorations qu'il prétendrait avoir faites, encore que la valeur de la chose en fût augmentée.

Ses travaux seraient donc acquis au propriétaire par suite d'une donation tacite, donation qu'admettait également le Droit romain (Inst. II, 1, 30). Ce système n'est plus reçu de nos jours ; car celui qui, en pleine connaissance de cause, bâtit sur le fonds d'autrui, n'est plus censé faire de donation, et l'art. 555 en est la preuve la plus évidente.

Le Code français ne veut pas que l'on puisse s'enrichir même aux dépens d'un homme de mauvaise foi ; c'est là d'ailleurs une règle déjà consacrée par le Digeste (3, 5, 6, § 3)... *Ipse tamen, si circâ res meas aliquid impenderit, non in id quod ei abest, quia improbè ad negotia mea accessit, sed in id, quo ego locupletior factus sum, habet contra me actionem.*

L'art. 599, sur lequel on voudrait s'appuyer, ne parle que de simples améliorations, et cite même, comme une exception, le cas où la valeur de la chose en a été augmentée. On est donc admis à supposer qu'il ne s'agit ici que de travaux entrepris pour augmenter les moyens de jouissance de l'usufruitier, et dont le prix a été suffisamment compensé par les avantages que ce dernier en a retirés. L'art. 555 au contraire parle de constructions, plantations et autres travaux apparents, qui ne sont point compensés par la jouissance de l'usufruitier, mais qui survivent à cette dernière.

Qu'arriverait-il si le constructeur, au lieu de se servir de ses propres matériaux, avait employé ceux d'un tiers? Ce fait ne changerait en rien les rapports qui peuvent exister entre le premier et le propriétaire du fonds.

Quant aux obligations qui naîtraient entre le constructeur et le propriétaire des matériaux, elles varieraient suivant la bonne ou la mauvaise foi de celui-ci. Est-il de bonne foi, le constructeur acquiert les matériaux par prescription (art. 2279) et conserve ses droits, que l'on démolisse ou que l'on respecte ses constructions. Est-il au contraire de mauvaise foi, le propriétaire des matériaux peut les revendiquer en cas de démolition, sinon, exercer un recours contre le constructeur pour se faire indemniser (Marcadé, *Cours de Droit civil*, II, art. 555).

De même que l'art. 548, l'art. 555 est encore une conséquence du droit d'accession, car l'idée dominante est toujours celle-ci que tout ce qui adhère au fonds en fait partie, et par cela même appartient au propriétaire. Cependant cet article, à la différence de celui que nous avons examiné précédemment, accorde une véritable action *de in rem verso*, ou, pour mieux dire, donne au propriétaire du terrain, sur lequel a construit un possesseur de bonne foi, le droit de se libérer envers ce dernier, en payant au moins le montant de la *versio in rem*, du profit qu'il en a retiré.

Le droit du propriétaire du fonds a été regardé comme préférable à celui du possesseur, et la loi n'a pu s'empêcher de reconnaître que, pour des travaux qu'il aurait peut-être évités, il ne devait jamais pouvoir être recherché au delà de l'avantage qui en résulterait pour lui.

III.

Le fol-enchérisseur a le droit, lorsqu'il est dépossédé par une adjudication prononcée sur sa folle-enchère, de répéter les impenses qu'il a faites personnellement, et qui ont augmenté la valeur de l'immeuble. Le principe qui sert de base à l'art. 555 du Code Napoléon, et d'après lequel on ne peut s'enrichir aux dépens d'autrui, s'applique à tout constructeur, sans en exclure le fol-enchérisseur. L'art. 740 du Code de procédure civile, qui ne permet pas au fol-enchérisseur de réclamer l'excédant du prix, s'il y en a un par suite de la seconde adjudication, ne saurait s'entendre que de la plus-value, qui est produite par le fait personnel du fol-enchérisseur. L'augmentation provenant de ses déboursés doit lui appartenir ou à ses créanciers. C'est ce qu'a récemment décidé la Cour de cassation par un arrêt de la chambre des requêtes, en date du 14 avril 1852.

En effet, la folle-enchère fait supposer nécessairement que l'enchérisseur n'a pas exécuté les clauses de l'adjudication, et si par suite l'immeuble a été revendu à un prix plus élevé, il ne doit pas pouvoir arguer de sa négligence ou de sa témérité pour réclamer cet excédant. Il est en faute, et, jamais que l'on sache, pareil état ne doit pouvoir produire d'avantage. C'est là sans doute ce que l'arrêt a entendu dire par le fait personnel du fol-enchérisseur.

Il en est autrement pour les impenses qu'il a pu faire, pour les constructions qu'il a élevées dans l'intervalle compris entre les deux enchères. Celles-là profitent au nouvel acquéreur, et peut-être ont-elles contribué à faire hausser le prix de la seconde adjudication. Or, s'il est établi que l'on ne peut s'enrichir aux dépens d'une autre personne, même de mauvaise foi, on ne saurait dénier non plus au fol-enchérisseur, malgré sa faute, le droit de réclamer l'excédant du prix provenant de ses déboursés.

IV.

Art. 802. L'effet du bénéfice d'inventaire est de donner à l'héritier l'avantage de n'être tenu du paiement des dettes de la succession que jusqu'à concurrence de la valeur des biens qu'il a recueillis, et même de pouvoir se décharger du paiement des dettes, en abandonnant tous les biens de la succession aux créanciers et aux légataires.

Nous ne prétendrons pas que le bénéfice d'inventaire soit une conséquence historique du principe qui consacre l'action *de in rem verso;* ce ne sera pas cependant une raison pour nier absolument l'existence d'une certaine analogie entre ces deux idées.

Le successeur régulier, en vertu de la copropriété de famille, est saisi de plein droit de l'hérédité; il n'est censé faire qu'une seule et même personne avec celui qu'il représente ou plutôt qu'il continue. Dès lors il est aisé de comprendre que si la loi lui permet d'être, pour ainsi dire, son *alter ego* quant à l'actif héréditaire, il doit aussi se soumettre à jouer le même rôle passivement, et à répondre aux créanciers du défunt. *Ubi est emolumentum, ibi et onus esse debet.* Mais cette prétendue justice ne serait souvent qu'une déception. En effet, il arrive parfois que le passif de l'hérédité est supérieur à l'actif; en pareil cas, d'après le cours ordinaire des choses, le représentant du défunt n'en est pas moins tenu de toutes les dettes de ce dernier. Et quel est le motif de cette obligation, si ce n'est, comme on vient de le dire, que l'héritier qui jouit des biens de la succession, doit aussi en acquitter les charges, et ne doit pas s'enrichir aux dépens des créanciers dont les biens héréditaires forment le gage. Mais, dans les circonstances que nous indiquons, dans le cas d'une succession obérée, ce seraient les créanciers qui s'enrichiraient aux dépens du successeur, car ce dernier paierait au delà du profit qu'il aurait retiré.

Le bénéfice d'inventaire a pour but d'obvier à cet inconvénient, et

de permettre à l'héritier, qui accepte sous cette condition, de ne pou
voir être poursuivi que jusqu'à concurrence des biens dont se compose
la succession et, pour ainsi dire, de la *versio in rem* qui s'opère à son
profit.

V.

Le rapport, en matière de succession, est encore fondé sur le principe de la copropriété de famille, et de plus sur l'égalité qui doit pré-
sider au partage. C'est le seul moyen d'empêcher des libéralités entre-
vifs faites à certains enfants au préjudice de tous les autres.

Cependant les biens donnés font quelquefois retour à la masse dans
un état bien différent de celui qu'ils présentaient au moment de la donation. Le donataire a fait des plantations, élevé des constructions,
amélioré l'immeuble ; il est donc de toute justice de lui tenir compte
de ses déboursés, qui, en définitive, ont tourné à l'avantage de la succession, laquelle se trouve augmentée d'autant.

Art. 861. Dans tous les cas, il doit être tenu compte au donataire
des impenses qui ont amélioré la chose, eu égard à ce dont la valeur se
trouve augmentée au moment du partage.

Telles sont à peu près les seules hypothèses où l'action *de in rem
verso* se rencontre dans les rapports naissants du droit de propriété, et
encore, on peut le dire, elle s'y trouve moins sous la forme d'une action proprement dite que sous celle d'une exception, d'une espèce
d'élément du droit de rétention.

CHAPITRE II.

De l'action de in rem verso *dans ses rapports avec le droit d'obligation.*

I.

Les conventions n'ont de force qu'autant qu'elles ont pour base un
objet certain, une cause licite, et un consentement valable émané de

personnes ayant la capacité de s'engager. Mais, à défaut de l'une ou l'autre de ces conditions, est-ce à dire qu'elles ne produiront jamais d'effet sérieux? Qu'il en soit ainsi pour celles qui, de nul côté, n'ont encore reçu d'exécution, nous l'admettrons volontiers; cependant, quand l'une des parties a spontanément rempli l'obligation qui lui incombe par le fait d'un contrat vicieux, l'autre, qui en aura profité, pourra-t-elle impunément opposer le moyen de nullité ou de non-existence de ce contrat, pour sortir franche et quitte d'une position qui n'a eu pour elle que des avantages? Nous ne le pensons point.

Art. 1239. Le paiement doit être fait au créancier ou à quelqu'un ayant pouvoir de lui, ou qui soit autorisé par justice ou par la loi à recevoir pour lui. Le paiement fait à celui qui n'aurait pas pouvoir de recevoir pour le créancier, est valable, si celui-ci le ratifie ou en a profité.

Art. 1241. Le paiement fait au créancier n'est point valable s'il était incapable de le recevoir, à moins que le débiteur ne prouve que la chose payée a tourné au profit du créancier.

Dans le premier article, la loi suppose que le paiement a été fait entre les mains d'un gérant d'affaires, ou tout au moins entre celles d'une personne qui a fait tourner ce qu'elle a reçu au profit du créancier. Ce dernier n'a donc aucun motif de contester la validité du paiement, puisque ce qui lui était dû lui est parvenu d'une manière plus ou moins immédiate.

Il en est autrement dans le second article: Le paiement a été fait à un incapable, à un mineur, par exemple, qui se disait ou que l'on croyait majeur. Il est de règle, qu'en général le mineur est incapable de s'obliger, parce qu'on ne lui suppose pas une intelligence assez étendue pour bien comprendre et défendre ses intérêts; c'est donc une garantie dont la loi a cru devoir prémunir sa faiblesse. Mais, si de fait il a contracté, et qu'il n'en est résulté pour lui aucun préjudice, de quel droit irait-on dire à l'autre contractant : Il est vrai que vous avez rempli l'obligation qui était à votre charge, mais vous vous êtes libéré entre les mains d'un mineur, et vous paierez une seconde fois, puisqu'un

incapable ne peut valablement recevoir aucun paiement? J'admets,
pourrait-il répondre, que l'on ait voulu protéger le mineur et l'empêcher d'être trop facilement déçu, mais ici la prévision de la loi est
inutile: il a reçu mon argent, il le possède encore, ou bien il en a
profité, et ce n'est point sa qualité d'incapable qui doit m'obliger à le
payer deux fois, quand d'ailleurs il n'éprouve aucun tort; le privilége
du mineur ne doit pas être étendu au point d'en faire un moyen de
spoliation contre ceux qui traitent avec lui de bonne foi. Telle est aussi
l'idée qu'énonce l'art. 1241. Le débiteur, qui a cru pouvoir se libérer
entre les mains d'un mineur, ne le sera que pour ce qui aura réellement tourné au profit de celui-ci : c'était là le seul moyen de concilier
à la fois et l'intérêt des tiers et celui des incapables.

La même raison a dicté l'art. 1312.

Art. 1312. Lorsque les mineurs, les interdits ou les femmes mariées
sont admis en ces qualités à se faire restituer, contre leurs engagements,
le remboursement de ce qui aurait été, en conséquence de ces engagements, payé pendant la minorité, l'interdiction ou le mariage, ne peut
en être exigé, à moins qu'il ne soit prouvé que ce qui a été payé a
tourné à leur profit.

II.

Dans les diverses hypothèses que l'on vient d'examiner, c'est encore
à l'état latent, et sous la forme d'une exception, que nous avons ren-
contré le principe d'équité sur lequel est fondé l'action *de in rem verso*.
Ici nous le trouverons dans sa véritable nature et dans son expression
la plus étendue.

Art. 1370. Certains engagements se forment sans qu'il intervienne
aucune convention, ni de la part de celui qui s'oblige, ni de la part de
celui envers lequel il est obligé. Les uns résultent de l'autorité seule de
la loi, les autres d'un fait personnel à celui qui se trouve obligé. Ces
derniers résultent des quasi-contrats ou des délits ou quasi-délits.

Art. 1371. Les quasi-contrats sont les faits purement volontaires de

6

l'homme, dont il résulte un engagement quelconque envers un tiers et quelquefois un engagement réciproque des deux parties.

Pourquoi ne regarderions-nous pas comme l'effet d'un quasi-contrat la *versio in rem*, base de l'action *de in rem verso* ? Le Code ne parle, il est vrai, que de la gestion d'affaires et de la réception de l'indû, mais cette mention est purement indicative et ne renferme aucune exclusion. Pourquoi la *versio in rem* ne serait-elle pas un troisième quasi-contrat, ou tout au moins une dérivation de la gestion d'affaires commune? Le Droit romain lui-même confondait presque toujours l'action *de in rem verso* avec l'action utile *negotiorum gestorum contraria*, tant est légère la différence qui existe entre ces deux moyens, tant est conforme leur origine mutuelle. Mais avant tout, pour justifier notre allégation, exposons rapidement l'origine de la gestion d'affaires.

Les intérêts particuliers sont variés et multiples, et, de plus, à mesure que s'étendent les relations, ils prennent un caractère d'ubiquité, qui ne permet pas à chacun d'être partout où l'appellent ses affaires; de là nécessité de recourir à l'assistance d'un tiers, mieux à portée d'y donner ses soins. Telle est sans doute l'origine du mandat dans le Droit universel. Ce fut d'abord un office d'amitié, un engagement sans force civilement obligatoire (*mandatum, manum dare*), une promesse que l'on se faisait en se serrant la main; peu à peu ce devint un contrat consensuel. Mais son apparition dans le Droit romain fut assez tardive, et l'on aurait tort de s'imaginer que ce fut l'idée-mère de la *negotiorum gestio*. Les commotions politiques avaient de bonne heure donné naissance à cette dernière. Quand les réactions étaient si violentes et si périodiques, les ambitions si effrénées, les brigues si honteuses, que l'on avait raison de dire : « Aujourd'hui au Capitole, demain aux Gémonies, » tout citoyen devait savoir prendre le chemin de l'exil, en espérant des temps meilleurs. Lorsque sa fortune n'était pas confisquée, il trouvait partout des hommes dévoués pour ne point le laisser dépérir. Religion du malheur ou égoïsme bien entendu, car pareil sort menaçait tout le monde, les biens du proscrit étaient sacrés, celui qui se chargeait de leur gestion devait la continuer jusqu'au retour du propriétaire, y donner l'attention d'un bon père de famille, et répondre de ses fautes même légères. C'est là ce qui explique cette dureté de la loi envers le gérant d'affaires, qui a passé dans le Droit français bien qu'elle ne soit pas justifiée par les mêmes motifs.

III.

Toute personne capable de s'engager, qui, sans mandat, entreprend volontairement et en connaissance de cause la gestion d'une affaire d'autrui, est soumise, par suite de ce fait, à toutes les obligations que l'acceptation d'un mandat impose au mandataire, peu importe qu'elle agisse par des motifs d'intérêt purement personnel, ou qu'elle ait eu en vue l'intérêt du maître de l'affaire, et que ce dernier ait ou non connaissance de la gestion (Zachariæ, III, 180, arg. art. 1372).

Mais les incapables qui s'immiscent aux affaires d'autrui, le mineur, par exemple, la femme mariée non autorisée, sont-ils également soumis aux obligations qui résultent du quasi-contrat de gestion d'affaires? D'un autre côté, ces obligations peuvent-elles exister entre un gérant capable et un maître incapable? Dans ces deux hypothèses, d'après ce que l'on vient de dire dans la définition, il n'y a point de gestion d'affaires, et moins encore de mandat.

Puisque dans le quasi-contrat de gestion d'affaires la capacité et la volonté de s'engager doivent se trouver au moins dans la personne du gérant, il est évident qu'un incapable ne saurait être soumis aux obligations qui en résultent, parce qu'il n'a point la faculté de s'obliger, faculté qui lui a été retirée par la loi dans un but de protection préventive. Mais si, en dépit de son incapacité, il s'immisce dans la gestion d'une fortune étrangère, s'en suivra-t-il qu'il ne doive rendre aucun compte et qu'il puisse impunément s'approprier le patrimoine d'autrui? Non, évidemment, ce serait contraire à toute notion d'équité, et faire d'un privilége protecteur un moyen de spoliation continuelle. Si l'incapable ne peut être poursuivi comme contractant, parce qu'il ne peut s'obliger, il sera toujours soumis au principe de souveraine justice que nul ne doit s'enrichir aux dépens d'autrui. Il sera donc recherché, le cas échéant, par l'action *de in rem verso,* jusqu'à concurrence des valeurs étrangères à son propre patrimoine.

En est-il de même pour le gérant, maître de ses droits, qui a soigné l'affaire d'un incapable? Le Droit romain le décidait ainsi, mais c'était plutôt par respect pour les formes que pour toute autre raison. L'impubère ne pouvait s'obliger sans l'assistance du tuteur; or, cette assistance ayant fait défaut, tout comme le consentement du mineur, on ne pouvait donner contre ce dernier l'action *negotiorum gestorum,* car c'eût été reconnaître sa capacité de contracter; le propriétaire n'avait donc que l'action *de in rem verso.* Cette tactique doit paraître un peu subtile; peu importe, en effet, que le maître de l'affaire soit ou non capable, s'il profite de mes soins, de ma gestion, pourquoi ne m'indemniserait-il des dépenses que j'ai faites pour lui? La question de savoir s'il est ou non maître de consentir doit m'intéresser fort peu, puisque les quasi-contrats se forment précisément sans consentement.

Quant aux rapports qui peuvent naître entre un mandataire ou un mandant capable et un mandant ou un mandataire incapable, nous les examinerons ultérieurement en expliquant l'art. 1990.

IV.

Si le gérant d'affaires est en général tenu de continuer sa gestion jusqu'à ce que le maître ou ses héritiers soient en état d'en prendre eux-mêmes la direction, en est-il de même pour l'incapable qui s'immisce aux affaires d'autrui? Nous ne le pensons pas, aussi peu que l'on ne saurait exiger de lui les soins d'un bon père de famille, puisqu'on ne peut lui réclamer que ce dont il a profité. Par la même raison, il n'a pas la responsabilité qui pèse sur le gérant d'affaires, et n'est pas astreint à rendre un compte proprement dit, mais plutôt à restituer les valeurs étrangères à son patrimoine, qui y sont entrées par le fait de la gestion qu'il a entreprise.

Celui qui gère une affaire d'autrui, que par erreur il croyait la sienne propre, sera-t-il recherché par l'action *negotiorum gestorum* ou par celle *de in rem verso?* Si c'est un incapable, il ne pourra l'être évidemment que par cette dernière. Si au contraire il est maître de ses droits, on ne pourra non plus le poursuivre que jusqu'à concurrence de la *versio in rem*. En effet, si vous le poursuiviez comme gérant d'affaires, auriez-vous le droit d'exiger de lui, quand d'ailleurs c'est un homme négligent, les soins d'un bon père de famille, de lui imposer une responsabilité plus lourde que celle qui pèse sur le mandataire, et l'obligation, quand il vient de reconnaître son erreur, de continuer sa gestion jusqu'à ce que le maître soit en état de la reprendre lui-même? Enfin la pleine connaissance de cause que l'affaire gérée est celle d'autrui n'est-elle pas une des conditions essentielles de la gestion d'affaires, telle que la définit l'art. 1372? Par tous ces motifs, il nous semble, qu'en pareil cas, le gérant ne pourra poursuivre, et ne pourra être poursuivi que par l'action *de in rem verso.*

Le gérant ordinaire est autorisé à répéter l'intégralité de ses dépenses et à exiger que le maître de l'affaire le fasse décharger ou l'indemnise de tous les engagements personnels qu'il a pris, mais pour cela la gestion doit avoir été utile au maître. Pour apprécier cette utilité, on se reporte non pas au jour de la demande, mais au jour de la gestion, et le gérant a toujours le droit de répéter ses impenses, utilement faites au moment où elles ont eu lieu, quand même, par suite de circonstances imprévues, cette utilité n'existerait plus au jour de la demande.

Mais lorsqu'il n'y a pas eu de gestion d'affaires proprement dite, par le défaut de capacité ou de volonté du gérant, et dans tous les cas où il n'y a lieu qu'à l'action *de in rem verso,* le montant des répétitions s'apprécie d'une manière bien différente.

Pour savoir s'il y a eu profit, on considère uniquement le temps où la demande est formée, peu importe qu'auparavant le profit eût été plus considérable, et abstraction faite de tous les engagements qui ont pu être pris. En effet, il n'y a eu ni contrat, ni même de véritable quasi-contrat, tout ce que l'on peut donc exiger, c'est que chacun restitue au moins ce qui est étranger à son patrimoine : si, en gérant le bien d'un autre que j'avais cru le mien propre, j'y ai élevé à grands frais des constructions qu'un incendie ou une inondation est ensuite venu détruire, de quel droit en réclamerais-je le prix au véritable propriétaire, qui n'en a retiré aucun profit? La perte sera pour moi seul, qui ai eu le tort de m'occuper de ce qui ne me regardait point : cela est de toute justice.

V.

Celui qui s'immisce aux affaires d'autrui dans des vues d'intérêt purement personnel doit être traité avec plus de sévérité que le gérant ordinaire, aussi ne jouit-il pas de l'action *negotiorum gestorum*, mais seulement de l'action *de in rem verso*. En effet, c'est dans son intérêt exclusif qu'il a agi, et l'on doit tout au plus empêcher que le propriétaire dont il a géré les biens, ne s'enrichisse à ses dépens.

En est-il de même de celui qui s'ingère dans les affaires d'une personne contre sa défense formelle? A-t-il le droit de réclamer la restitution de ses impenses, ou tout au moins celle du profit qu'a retiré le maître? Ne doit-on pas plutôt voir dans sa manière d'agir l'intention de faire une donation tacite? C'est à ce dernier parti que l'on devra, croyons-nous, s'arrêter en général, après avoir toutefois bien examiné toutes les circonstances de la cause. Admettre le contraire, serait, en effet, donner aux tiers le droit de devenir nos créanciers, de s'immiscer à nos affaires par le seul fait de leur bon plaisir. L'art. 1236 contient du reste une disposition fondée à peu près sur le même motif.

Art. 1236. L'obligation peut être acquittée par un tiers non intéressé, pourvu que, s'il agit en son nom propre, il ne soit point subrogé aux droits du créancier.

En Droit romain, dit Pothier (*Du mandat*, VI, 5, 206), cette doctrine est controversée, mais elle doit souffrir moins de difficulté dans notre jurisprudence française, où l'on ne s'attache pas au nom des actions, et où l'équité naturelle est seule suffisante pour produire une obligation civile et une action. Or, lorsque vous profitez d'une affaire que j'ai faite, quoique contre votre défense, pour vous faire du bien malgré vous, l'équité naturelle, qui ne permet pas de s'enrichir aux dépens d'autrui, vous oblige de m'indemniser du montant de l'avantage que vous en retirerez. Cependant, peut-on répondre, il doit être assez rare que l'on veuille nous faire du bien malgré nous, si ce n'est dans un but de libéralité, et, quand cela arrive, la loi ne veut pas, sans doute, que nos bienfaiteurs nous le viennent rappeler un mémoire à la main.

VI.

Nous venons de prouver que l'action *de in rem verso* pouvait jusqu'à un certain point être considérée comme l'effet d'une espèce de quasi-contrat, la *versio in rem*, fondée sur ce principe que là où il n'y a pas eu d'engagement réel, chacun doit rentrer dans la propriété de ce qui lui appartient, et nul ne doit profiter de ce qui nuirait à autrui.

On trouve encore une conséquence de la même idée dans les règles qui régissent la communauté conjugale.

Art. 1437. Toutes les fois qu'il est pris sur celle-ci une somme pour acquitter les dettes ou charges personnelles à l'un des époux, telles que le prix ou partie du prix d'un immeuble à lui propre, ou le rachat de services fonciers, soit pour le recouvrement, la conservation ou l'amélioration de ses biens personnels, et généralement toutes les fois que l'un des époux a tiré un profit personnel des biens de la communauté, il en doit la récompense.

En effet, sans cette obligation l'égalité cesserait d'exister dans la communauté, et l'un des époux s'enrichirait aux dépens de cette dernière, et par cela même aux dépens de l'autre époux.

Art. 1431. La femme qui s'oblige solidairement avec son mari pour les affaires de la communauté ou du mari n'est réputée, à l'égard de celui-ci, s'être obligée que comme caution : elle doit être indemnisée de l'obligation qu'elle a contractée.

Quand la communauté ne suffit pas pour desintéresser les créanciers, ou que ces derniers ont un avantage à agir directement contre la femme, parce qu'elle a donné sa signature, il est juste que cette dernière paie avec ses propres la dette qu'elle a contractée à l'égard des tiers. Mais sa position est bien différente à l'égard du mari, dont l'influence a peut-être obtenu de la femme un consentement de pure complaisance. En effet, ne s'est-elle pas obligée pour céder à des importunités voisines de l'obsession, à des instances touchant de près à la contrainte? N'est-il pas équitable dès lors qu'elle soit indemnisée par le mari de ce qu'elle a payé sur ses propres? (Troplong, *Contrat de mariage,* II, 303.)

VII.

Les sociétés nous offrent des questions assez importantes au point de vue de notre sujet.

Art. 1847. Les associés qui se sont soumis à apporter leur industrie à la société lui doivent compte de tous les gains qu'ils ont faits par l'espèce d'industrie qui est l'objet de cette société.

L'associé se doit à la société; s'il veut jouir seul de l'industrie qu'il a promis de mettre en commun, il commet un véritable vol à l'égard de ses associés, et on doit le condamner à restituer le lucre qu'il a pu faire ainsi d'une manière illicite.

Il n'en est pas de même pour le cas inverse. Si l'un des associés contracte, non comme associé, mais en son propre et privé nom, le créancier ne peut agir contre la société, lors même qu'elle aurait tiré profit du contrat; car, en recevant l'engagement de l'associé, il ne s'est pas enquis de ce que deviendrait son argent, mais de la qualité de celui qui s'est obligé envers lui.

Art. 1864. La stipulation que l'obligation est contractée pour le compte de la société ne lie que l'associé contractant et non les autres, à moins que ceux-ci ne lui aient donné pouvoir, ou que la chose n'ait tourné au profit de la société.

Quand l'associé a contracté sans pouvoir, mais pour le compte de la société, on peut attaquer celle-ci par l'action *de in rem verso ;* en vain objecterait-elle que l'associé n'avait point qualité pour l'engager, il n'en est pas moins vrai que l'objet du contrat s'est confondu avec l'actif social, et que celui-ci par conséquent doit aussi être grevé des charges qui y correspondent.

Pour intenter l'action *de in rem verso,* le créancier devra faire la preuve du profit, ce qui sera souvent assez difficile, car il faut remarquer ici que les membres des sociétés civiles, n'étant point solidaires les uns des autres, ne peuvent être poursuivis qu'isolément, et seulement pour la part de profit que chacun d'eux a pu retirer de l'engagement.

M. Troplong, dans son *Commentaire sur le contrat de société* (II, 172), relate un arrêt intéressant qui a trait à l'article que nous venons d'examiner.

Le gérant d'une société en commandite, ayant pour objet l'exploitation d'une usine, a pleins pouvoirs pour contracter et s'obliger commercialement pour tout ce qui se rapporte à l'administration.

Par suite de circonstances critiques, il est obligé de recourir à un emprunt, et l'on exige de lui, outre la signature sociale, une garantie hypothécaire qu'il accorde pour sortir de son état de gêne. Peu après la société tombe en état de faillite; le tiers qui a traité avec le gérant invoque son privilége ; le syndic lui répond que le gérant n'avait pas le droit d'accorder une hypothèque, parce que, pour y consentir, il fallait avoir, ce qui lui manquait, la capacité d'aliéner (arrêt en ce sens de la Cour de Douai du 27 novembre 1839; arrêt confirmatif de la Cour de cassation, ch. des req., du 21 avril 1841). Il est vrai que l'on n'avait pas invoqué l'action *de in rem verso,* donnée à défaut de l'action *mandati ;* mais l'eût-on fait, le créancier hypothécaire n'aurait pas plus obtenu gain de cause, puisque ce n'est point l'hypothèque qui a profité à la société, mais l'argent provenant de l'emprunt, et l'action *de in rem verso* étant personnelle et n'ayant aucune connexité avec les droits hypothécaires.

Si même l'on objectait que l'hypothèque a profité à la société, puisque sans elle le gérant n'aurait point trouvé de prêteur, que l'hypothèque a été une condition *sine quâ non* de l'emprunt, que, si ce dernier a profité aux associés, l'hypothèque leur a par cela même également profité, on arriverait toujours à ce résultat, que le gérant a donné plus qu'il ne pouvait donner.

VIII.

Le dépôt, comme les autres contrats, exige de la part des deux contractants la capacité et la volonté de s'engager.

Art. 1926. Si le dépôt a été fait par une personne capable à une personne qui ne l'est pas, la personne qui a fait le dépôt n'a que l'action en revendication de la chose déposée, tant qu'elle existe dans la main du dépositaire, ou une action en restitution jusqu'à concurrence de ce qui a tourné au profit de ce dernier.

Elle n'a qu'à s'en prendre à elle-même d'avoir pris pour dépositaire un incapable que la loi entoure d'une protection très-étroite, et qu'elle empêche tout au plus de s'enrichir aux dépens d'autrui. Du reste, on suppose ici qu'il n'y a pas eu de dol de la part de l'incapable, sans quoi le privilége de celui-ci cesserait d'exister à l'instant.

L'art. 1990 n'est pas fondé sur d'autres motifs.

Art. 1990. Les femmes et les mineurs émancipés peuvent être choisis pour mandataires, mais le mandant n'a d'action contre le mandataire mineur que d'après les règles générales relatives aux engagements des mineurs, et contre la femme mariée, et qui a accepté le mandat sans autorisation de son mari, que d'après les règles établies au titre *du contrat de mariage et des droits respectifs des époux.*

Enfin, lorsque la caution du mineur a payé le créancier principal, a-t-elle son recours contre le mineur d'après l'art. 2028 ? Elle ne l'a point, à moins que le mineur ne veuille pas se prévaloir du bénéfice de minorité. Toutefois, si le mineur a profité du contrat principal, la caution aura toujours son recours *in quantum locupletiorem* (Troplong, *Du cautionnement*, art. 2028).

IX.

Il nous reste à citer quelques arrêts qui ont trait à l'action *de in rem verso*.

L'instituteur, qui a élevé les enfants d'un commerçant tombé en faillite, et qui n'a pu se faire payer de ses soins, peut-il exercer un recours contre les enfants, lorsqu'ils ont atteint leur majorité? La Cour d'Aix en a décidé ainsi par arrêt du 11 août 1812. Bien que l'éducation des enfants soit une dette du père, elle n'a, à vrai dire, ce caractère que dans les rapports du père avec ses enfants, mais non dans ses rapports avec un étranger. Il est de fait que l'éducation qu'il leur a procurée, leur a été plus ou moins utile, il est donc équitable aussi que le maître ne se voie point dépouillé de la récompense qu'il était en droit d'attendre, et puisse exercer son recours contre les enfants qui ont profité de ses soins.

Si un père emprunte, pour ses besoins pressants, une somme d'argent à une époque où il était dans le cas de demander des aliments à son fils, et qu'il décède néanmoins sans avoir fait une pareille demande, le créancier ne peut, sous le prétexte d'exercer les droits de son débiteur, poursuivre contre le fils, héritier bénéficiaire de son père, le remboursement, alors même que le fils aurait profité des aliments. (Ainsi jugé, arrêt Cass., ch. civ., 17 mars 1819.)

Le droit de réclamer des aliments est un droit personnalissime, incessible et insaisissable; or, admettre dans cette espèce l'action *de in rem verso,* c'eût été directement juger le contraire.

X.

Nous avons tâché d'indiquer ici les cas principaux qui peuvent donner lieu à l'action *de in rem verso.* Il nous serait difficile de mieux en préciser l'application, à cause de la nature vague et incertaine de notre sujet, nature dont participent d'ordinaire toutes les conséquences du principe d'équité. Ajoutez à cela que le plus souvent, là même où elle est invoquée, l'action n'est plus désignée par son nom propre, mais se confond pour ce motif avec les moyens individuels tirés de chaque cause, et l'on comprendra aisément que nous ne pouvons que répéter ici notre définition.

Dans ses rapports avec le droit de propriété, l'action *de in rem verso* est plutôt une exception, un élément du droit de rétention, qui ne permet pas au propriétaire de déposséder le possesseur sans lui tenir compte des impenses, jusqu'à concurrence du profit qui en résulte pour lui.

Dans ses rapports avec le droit d'obligation, c'est une espèce d'action en restitution, de remède, accordé surtout aux incapables ou à leurs adversaires, contre les conséquences d'un engagement sans force civilement obligatoire.

C'est aux parties qu'il appartient de la réclamer, quand elle leur paraîtra utile, au juge, de faire droit à leur demande, car c'est le plus bel attribut de son pouvoir de rendre à chacun ce qui lui appartient, ce qui lui est dû.

Le progrès est une des lois immuables de la Providence; l'humanité y est poussée par instinct et presque malgré elle. A mesure qu'augmente la somme de bien-être matériel, la règle qui en modère la jouissance, doit également tendre à une plus grande perfection, la loi doit élargir son domaine, statuer sur des cas jusqu'alors imprévus, en un mot, consolider de plus en plus les garanties sociales; elle n'est loi qu'à ce titre.

Le progrès du droit marche donc nécessairement avec celui de la civilisation, ou, pour mieux dire, il en est un élément; c'est ce que nous avons essayé de montrer dans cette thèse, en racontant l'histoire d'un principe du Droit romain, qui a pris naissance dans d'obscures questions de pécule pour s'élever ensuite à la hauteur d'une notion d'équité.

THÈSES.

I. *Prodest nocet que error juris ; prodest nocet que error facti.*

II. *Ad patiendum, non ad faciendum servitute cogimur ; quid tamen oneris ferendi servitus, œdisque officium reficiendæ ?*

III. *Falsâ causâ vitiatur conventio ; falsâ causâ non testamentum vitiatur.*

IV. *Quod discrimen inter compensationem jusque retentionis ? Hæc est species, illud genus ; hæc ipso jure, illud adhibitum demùm efficit.*

V. La vente est-elle parfaite sans la tradition ? — Oui et non.

VI. Les servitudes apparentes et continues peuvent-elles s'acquérir par la prescription de dix ans ? — Non.

VII. Le tuteur d'un interdit peut-il exercer les droits personnalissimes de l'interdit, les actions dites *vindictam spirantes,* entre autres, peut-il déposer au nom de celui-ci une plainte en adultère ? — Non.

VIII. Peut-on civilement forcer le voisin à réparer sa maison qui menace ruine ? La caution *damni infecti* des Romains existe-t-elle en Droit français ? — Non.

IX. L'action interrogatoire ou demande à futur existe-t-elle dans notre Droit ? Peut-on invoquer une exception avant d'être poursuivi par une action ? — Non.

X. La loi pénale n'est point rétroactive, ou du moins elle ne l'est que dans les dispositions qui ont trait au jugement, *in ordinatoriis litis.* Mais la forme de la juridiction ayant une influence infinie sur la décision probable de la justice, et cette décision probable étant le seul moyen d'intimider le criminel, n'y a-t-il pas dès lors une aggravation indirecte de la peine, et par suite une espèce de rétroactivité même des dispositions *decisoriæ litis ?*

XI. Le droit de la guerre est au Droit des gens ce que le Droit de procédure est au Droit civil.

Le Droit des gens n'est pas fondé sur la force, aussi peu que le Droit civil, mais le Droit civil décidant entre des citoyens isolés, et le Droit des gens entre des collections d'individus, il est aisé de comprendre que les inégalités apparentes, qui existent entre ces deux Droits, ne sont, pour ainsi dire, que des différences quantitatives qui s'évanouiraient, si les proportions pouvaient devenir les mêmes.

XII. La liberté politique des nations est égale à la liberté civile des citoyens. Elle donne le droit de faire tout ce qui ne blesse pas le voisin, mais elle donne de plus, comme chez les Romains, une espèce d'action interrogatoire, de droit à une caution *damni infecti*, qui permet aux États de ne pas attendre, pour l'étouffer, l'explosion du danger, mais d'intervenir à temps pour l'arrêter.

Vu pour l'impression :

Le Président de la thèse,
HEIMBURGER.

Vu par le soussigné Doyen,
Strasbourg, le 30 juin 1852.

C. AUBRY.

Vu par le Recteur de l'Académie,
Strasbourg, le 1ᵉʳ juillet 1852.

NOUSEILLES.